Antes todo
era mejor

Título original: *C'était mieux avant!*, por Michel Serres
© Del texto, Éditions Le Pommier / Humensis, 2017
© 2022. De la traducción, José Luis Sánchez Silva
© 2022. Del prólogo, Miguel Morey
© 2022. De esta edición, Editorial EDAF, S. L. U. por acuerdo con Humensis representados por AMV Agencia Literaria, S.L., Fuencarral. 13, 3D, 28004, Madrid
Todos los derechos reservados

Diseño de colección: Manuel García Pallarés

Editorial EDAF, S. L. U.
Jorge Juan, 68. 28009 Madrid
Tfno: (34) 914358260.
http://www.edaf.net
edaf@edaf.net

Ediciones Algaba, S.A. de C.V.
Calle 21, Poniente 3323. Entre la 33 sur y la 35 sur
Puebla, 72180, México.
Tfno.: 522222111387
jaime.breton@edaf.com.mx

Edaf del Plata, S. A.
Chile, 2222
1227 Buenos Aires, Argentina
edafadmi@gmail.com

Editorial Edaf Chile, S.A.
Avda. Charles Aranguiz Sandoval, 0367
Ex. Circunvalación, Puente Alto.
Santiago, Chile
Tfno.:+56227078100/+56999999855.
comercialedafchile@edafchile.cl

Septiembre de 2022

ISBN: 978-84-414-4182-8
Depósito legal: M-19162-2022

Impreso en España / Printed in Spain
Gráficas Cofás. Pol. Ind. Prado Regordoño. Móstoles (Madrid)

Antes todo era mejor

Michel Serres

Prólogo de Miguel Morey

MADRID — MÉXICO — BUENOS AIRES — SANTIAGO
2022

Índice

Prólogo

Je suis du peuple...

> *Je suis du peuple. Ma première formation vient des métiers et techniques du petit peuple: dès le plus jeune âge, j'ai fréquenté des forgerons, des selliers, des maçons, des ouvriers agricoles, des mariniers.*
>
> Michel Serres,
> *Pantopie: de Hermès à Petite Poucette*, 2014.[1]

---

[1] « Soy de pueblo. Mi primera formación proviene de los oficios y las técnicas de la gente humilde: desde muy joven, trabajé con herreros, guarnicioneros, albañiles, labradores y marineros». *Pantopía: de Hermes a Pulgarcita*. [Entrevistas con Martin Legros y Sven Ortoli, Le Pommier, París 2014].

Muchas veces ha repetido Michel Serres la misma frase: soy de pueblo, soy del pueblo. «Mi padre era marinero, pescaba arena y guijarros en el Garona, los rompía para venderlos a los albañiles y constructores de carreteras. [...] Así que sostener la pala fue mi primer gesto. Uno de mis abuelos era campesino: sostener la hoz fue mi segundo gesto. El otro abuelo vendía aceitunas y queso en una pequeña aldea de Quercy: mi tercer trabajo fue el de tendero».[2] Y tal vez fuera ésta también su manera de explicarse la extrañeza que sentía ante sus compañeros de estudios (y luego colegas) más distinguidos en el campo de la filosofía. Su origen gascón, su espíritu cátaro[3]

---

[2] M. Serres (y Michel Polacco), *De l'impertinence aujourd'hui*, Le Pommier, París 2016.

[3] Serres les cuenta a Legros y Ortoli una anécdota significativa a propósito del espíritu cátaro, ocurrida durante su infancia, un

y su formación menestral a la fuerza chocaban con las maneras de la intelectualidad parisina. Sus estudios fueron tan azarosos como también lo fue luego su vida profesional. Comienza como estudiante de la Escuela Naval, que abandonará no mucho después, debido a su conmoción ante la barbarie de Hiroshima —explicará luego. En Burdeos, cursa una licenciatura en matemáticas (en los tiempos en que el colectivo Bourbaki[4] está revolucionando las matemáticas), y a continuación,

---

día que en el colegio llegó a ser el primero de la clase. Al enterarse, su padre le dijo: «¿Entonces es que quieres convertirte en un señor? ¡Si eres el primero, es que quieres convertirte en un señor!». Y su madre añadió, lamentándose: «Soy una gallina que ha incubado un pato». Serres explica esta actitud remitiéndose a la idea cátara de que «la ascensión social se corresponde con una ascensión hacia las potencias del mal, hacia Satanás que gobierna el mundo».

[4] Véase al respecto www.bourbaki.fr

en 1952, entra en la Escuela Normal Superior de París, considerada el centro de formación de las élites. Allí cursará su carrera (aunque volverá a encontrarse con el mar durante su servicio militar, de 1956 a 1958, en el que servirá como oficial de la Marina Nacional durante la guerra de Argelia), y se gradúa con un trabajo sobre las estructuras algebraicas y topológicas. Siempre se mostrará muy orgulloso de haber aprendido las técnicas de la matemática moderna (de la que subraya que es una matemática que ya no se entiende como un sistema simbólico sino como un sistema formal), y se puede apostar a que las fue aprendiendo como aprendió de las técnicas del guarnicionero, paso a paso, probando y corrigiendo. En *Pantopía* explica su sorpresa el día en que, en el colegio, el profesor de matemáticas, en lugar de escribir números en la pizarra, escribió letras: *x, y, z*; «un alfabeto al revés», dice. Y añade que cuando escuchó la frase: «*x* es una letra que tiene todos los valores», experimentó una sacudida intelectual irreversible. «Creo que aquel día, en aquel preciso minuto, recibí un rayo en la cabeza. Me di cuenta de que podía existir un lenguaje formal que no tenía sentido, pero que tenía todos los sentidos. Y entré en las matemáticas». Sin duda, haber *entrado* en las matemáticas, pensar la realidad de las cosas desde un conocimiento técnico y científico, abría una distancia muy significativa con sus colegas, cuya formación era de base humanística y que, por lo que hace al pensamiento social, se alimentaba del economicismo marxista, del que Serres opinaba que ya no respondía a los problemas actuales. Entendía que la primacía que la economía marxista concedía a la producción física de bienes materiales a partir de materias primas ya no se correspondía con un presente en el que primaban la información y la transferencia de información, la comunicación, lo que constituía un paradigma completamente diferente; lo que hoy llamaríamos el capitalismo cognitivo. Y es que, para él, *pensar es anticipar*, como repetía a menudo. El caso es que, finalmente, Serres se vio apartado del campo de la filosofía. Y sí, es cierto que se le acabó concediendo una plaza en la Sorbona, pero fue como profesor de Historia de las ciencias. Hasta que no fue reclamado por las universidades estadounidenses (primero por la Johns-Hopkins, luego por la de Stanford, de la que fue profesor ordinario desde 1984), Serres no pudo proponer a sus alumnos cursos de filosofía.

Su obra consta de cerca de cincuenta títulos que abarcan una amplitud de campos (y de géneros) realmente prodigiosa. Se inaugura con su tesis doctoral, *Le système de Leibniz et ses modèles mathématiques* (1968), filósofo cuyo ejemplo será tutelar a lo largo de toda su andadura filosófica.[5] Allí se nos presenta a Leibniz como el filósofo que sustituye los modelos clásicos del enciclopedismo filosófico (el árbol y la cadena) por la red de entradas múltiples, por lo que cabe considerarle como el pensador que anticipa una buena parte de disciplinas contemporáneas, como la teoría de la información, la teoría de la comunicación, la cibernética o la sistémica. Llega a Leibniz después de dos intentos de tesis: primero, un estudio sobre álgebra combinatoria, cuyos resultados le llevaron al campo de la topología, su segundo intento, y de ahí pasará a Leibniz, al descubrir que los mismos problemas de la

---

[5] « Michel Serres partió de Leibniz, y nunca lo abandonó realmente, pasando como él de un pensamiento de tipo estructural derivado de las matemáticas a una exploración de la realidad (natural y humana) que adopta la forma de un relato». Christiane Frémont, «Philosophie pour le temps présent», *Les Cahiers de l'Herne*, 94 ; París 2010.

matemática actual que le interesaban, Leibniz ya los había anticipado («Leibniz es de nuestro tiempo, es nuestro predecesor, empezó a construir el mundo en el que vivimos, lo reconoció antes que nosotros, mejor que nosotros»). Pero Serres lee a Leibniz desde el presente, con ganas de corregir sus desfases y optimizar sus hallazgos desde el estado de las ciencias en la actualidad, a favor de este presente nuestro, y esto es algo que no puede llevar a cabo libremente en el marco de una tesis. Así pues, cumple escrupulosamente con los protocolos académicos en su trabajo de tesis, pero inmediatamente después se embarca en la aventura de proseguir el impulso recibido de los descubrimientos leibnizianos a lo largo del saber contemporáneo. El trabajo le llevará unos diez años, y se presentará bajo el patronato del dios griego Hermes (Mercurio para los romanos), dios mensajero que reina sobre los intercambios y las traducciones, los viajes y las encrucijadas. El corpus final acabó constando de cinco volúmenes: *Hermès 1: La communication* (1969); *2: L'interférence* (1972), *3: La traduction* (1974); *4: La distribution* (1977); *5: Le passage du Nord-Ouest* (1980).[6] Y en el último de los volúmenes hallamos este apotegma, en el que retrata su vocación como pensador: «El filósofo es el pastor que apacienta, en las alturas, el rebaño variopinto de los posibles...». Publicó además por entonces un texto afín y en cierto modo complementario de la serie *Hermès,* en la misma editorial: *La naissance de la physique dans le texte de Lucrèce* (1977), en el que se hace patente su interés por ese comienzo apenas perceptible a partir del cual va a producirse una gran transformación, el punto infinitesimal en el que se abrirá una bifurcación decisiva, la lección de Leibniz, el maestro inventor de conceptos.

---

[6] Publicados todos ellos en la editorial Minuit.

En Lucrecio ese punto se llamará *clinamen* (en latín, inclinación o desviación) y es el que dará nacimiento al mundo. Para él, en los orígenes, existía únicamente una lluvia incesante de átomos, y de pronto sucedió un acontecimiento minúsculo que desvía la trayectoria de los átomos; y a partir de ahí, el mundo comienza a convertirse en lo que es hoy, muy lentamente. Podríamos decir que ese punto sin dimensión a partir del cual todo cambia de sentido, es el centro de gravedad de la atención de Serres. Pero puntos de ese tipo existen en todas partes, en cualquier nivel de la realidad que consideremos, y en consecuencia la obra de Serres va a abrirse a toda una multiplicidad de dominios, fundando así un nuevo leibnicianismo.

Con la mirada puesta en *Antes todo era mejor,* dos aspectos merecen destacarse en su obra polifacética; en primer lugar, su propensión a pensar a través de figuras (como Hermes), lo que le llevará a una continua creación (o apropiación) de personajes (el Parásito, Tintín o la Castafiore, el Pontifex, el ángel Pantopo, el Tercero-Instruido, Arlequín, el Hermafrodita, el Incandescente...), entendidos como operadores de inteligibilidad que conducen a la comprensión de un problema dado. «Son individuos, pero que representan una especie... Son universales, genéricos como los medicamentos, pueblan nuestro mundo; están por todos lados alrededor nuestro...», explica en *Pantopía*. En *Antes todo era mejor* se asistirá a la contraposición entre el Abuelo Cascarrabias, anclado en la defensa de las incomparables virtudes del pasado, y Pulgarcita, la nativa digital, cuya defensa a ultranza asume Serres, haciendo suyas las palabras de Max Plank: «La ciencia no progresa porque los experimentos y teorías de la física se verifiquen, sino porque a la generación precedente le llega la hora de la jubilación». Y en segundo lugar, hay que destacar el giro que se produce a partir de la publicación de *Le Contrat naturel* (1990), en el que reivindica la responsabilidad del pensamiento con el futuro del planeta («Bajo un grave riesgo, hay que inventar nuevas relaciones entre los hombres y el conjunto de lo que condiciona la vida… Al tener que repensarlo todo, la filosofía cambia de ámbito y ve crecer su responsabilidad»). En consecuencia, en sus últimos textos estará continuamente presente una figura de la que se espera que sirva de fundamento para sostener esta responsabilidad, el Gran Relato, relato unitario de todas las ciencias y mosaico de las culturas humanas, construido de forma literaria, no reduccionista, y que Serres llega a proponer como materia de un primer curso en todas las carreras universitarias.[7] Podría

---

[7] «El Gran Relato es mucho más que una forma de presentar bajo una luz más favorable un aumento indispensable de la atención prestada al mundo y a los seres vivos: es un modelo o formato de conocimiento. Es una forma capaz de vincular e incluso integrar la variedad de seres y experiencias sin subor-

decirse que la refriega entre Pulgarcita y el Abuelo Cascarrabias se sostiene precisamente sobre este Gran Relato, que aquí se abre al gran público en una versión ligera y amable, literalmente, sin dejar de ser por ello una lección de conocimiento de primer orden, obra de un sabio contemporáneo, y una transfusión de optimismo también, a la medida de unos tiempos sombríos.

Michel Serres fallece el 1 de junio de 2019, sin llegar a conocer ni la pandemia ni el nuevo desorden mundial generado a partir de la invasión de Ucrania, ni tampoco las manifestaciones cada vez más alarmantes del cambio climático. Tampoco pudo tener noticia de que el último documento publicado por el Foro Económico Mundial llevara

---

dinarlos a una finalidad, a ninguna ley que fije su significado de antemano». William Paulson, «Autour du Grand Récit», *Les Cahiers de l'Herne*, loc. cit.

por título, precisamente, *The Great Narrative* (enero de 2022), y que en él se menciona el proyecto de Serres y este libro, *Antes todo era mejor*. No podemos saber cuál hubiera sido su reacción al respecto, si se hubiera reconocido en esta iniciativa o si por el contrario la hubiera juzgado una apropiación de su proyecto para otros fines, entendiéndolo como una manifestación del rostro más torvo de Hermes, dios también de los ladrones y de los mercaderes. No podemos saberlo, aunque las páginas finales de este libro den algunas indicaciones para que el lector pueda formarse una opinión al respecto.

Miguel Morey

L'Escala, verano de 2022

Antes todo era mejor

Antes todo era mejor

El crecimiento vertical de la esperanza de vida está poblando nuestro hermoso país de los que, con un pudor absurdo, solemos llamar «séniores». Yo soy uno de esos vejestorios. Como veremos, muchos de ellos idealizan su juventud. Por otra parte, niño o senil, hombre o mujer, rico o pobre, de izquierdas o derechas, creyente o ateo, norteño o sureño, bretón o picardo, alsaciano, corso o vasco, el francés refunfuña desde los tiempos de sus ancestros galos, critica, se indigna, vocifera, protesta, clama al cielo, se deja llevar por la ira. Esta última palabra adorna las portadas de nuestros periódicos al menos tres veces por semana. Esculpida en altorrelieve sobre el pilar derecho del Arco del Triunfo, en la parisina plaza de la Estrella, *La marsellesa* de Rude nos presenta unos rostros deformados por toda clase de muecas, en una expresión de la ira característica de nuestra irritable nación.

El resultado de esta suma de vejestorios y protestones, dos condiciones no excluyentes, es la densa profusión de Abuelos Cascarrabias que integran nuestra Francia. Ricos y charlatanes, estos iracundos, hoy mayoritarios, electores cada vez más decisivos y siempre dispuestos a exhibir el éxito de su existencia, no dejan de repetirle a Pulgarcita, que está en paro o tiene un contrato en prácticas y pagará durante mucho tiempo sus jubilaciones: «Antes todo era mejor».

Y mira por dónde, «antes» yo ya estaba aquí, así que puedo dar mi opinión de experto. Aquí está.

Caudillo, Duce, Führer, Gran Timonel...

Antes, nos gobernaban Mussolini y Franco, Hitler, Lenin y Stalin, Mao, Pol Pot, Ceaușescu... todos grandes tipos, refinados especialistas en campos de exterminio, torturas, ejecuciones sumarias, guerras, depuraciones. Cualquier presidente democrático palidece ante tan ilustres actores, salvo cuando obliga al vencido a firmar el humillante Tratado de Versalles, cuando lanza cientos de bombarderos sobre Dresde o cuando deja caer bombas atómicas sobre Hiroshima y Nagasaki para matar a los civiles por irradiación.

Este siglo XX político marcó nuestra infancia. ¿Cuántos himnos tuvimos que cantar ante la bandera? ¿Cuántos desfiles nos obligaron a seguir, de niños, para festejar a unos títeres que cambiaban de opinión al albur de las victorias o las derrotas? ¿A cuántas mentiras estuvimos expuestos? ¿A cuántos torturados oímos gritar, cuántos cadáveres de amigos vimos en las zanjas?

Guerra y paz

Antes, nuestros abuelos hicieron la guerra de 1870; nuestros padres, muy jóvenes, la de 1914, en la que cayeron casi todos nuestros campesinos; luego vino la guerra civil española, en 1936, cuya brutalidad desangró ese magnífico país; siguieron la Segunda Guerra Mundial, 1939-1945, con su cortejo de abominaciones racistas, más los conflictos coloniales, Indochina y Argelia, en los que yo tuve que combatir. Mi abuelo escapó de la debacle de Sedán, los gases venenosos hirieron a mi padre en medio de las bombas de Verdún, yo tuve que terminar la expedición de Suez... de modo que, durante un siglo, mi familia y yo conocimos la guerra, la guerra, la guerra... Desde mi nacimiento a la edad adulta, mi cuerpo se formó, brazos y piernas, corazón y cerebro, en la guerra, la guerra, la guerra.

Desde entonces, vivimos sesenta y cinco años de paz, lo que no ocurría, al menos en Europa occidental, desde la *Ilíada* o la *Pax Romana*. Las generaciones de la guerra, la mía, prepararon e hicieron posible estas seis o siete décadas, más felices que los baños de sangre de antaño. Ahora bien, la calma de la paz incita al olvido, mientras que el ruido y la furia de los conflictos jamás abandonan la memoria. En ciudades y aldeas, se erigen monumentos a los caídos con listas insoportables. ¿El Abuelo Cascarrabias sufre de lagunas conmemorativas? ¿Nunca pasa por la plaza de esos pueblos, ahora vacíos? ¿La paz de hoy es menos entretenida que las guerras de antaño?

Antes, aquellas masacres perpetuas y otros crímenes de Estado, gulag o Shoá, aniquilaron a cien millones de personas. Las estadísticas dicen que, en tiempos más antiguos, las enfermedades infecciosas mataban mucho más que las guerras, mientras que el siglo XX fue el primero en el que los muertos de los campos del horror superaron ampliamente la malignidad de los microbios. El saber estratégico derrotó su pequeñez a lo grande. Para batir este récord de asesinatos, unos expertos muy perspicaces inventaron la ametralladora, las armas químicas y las bombas nucleares: nuestras élites soñaban con destrucciones masivas. Antes, creamos estas obras maestras del diseño y la fabricación.

No obstante, antes de que comenzaran esos crímenes, Occidente nunca había alcanzado un nivel tan alto de cultura en las ciencias y las artes, la pintura, la música, la electricidad, la mecánica cuántica y la química, las técnicas y los transportes, la vida cotidiana y el confort. Nunca había accedido a tales cotas de libertad o de democracia, sin mencionar la Sociedad de Naciones, la Cruz Roja, los movimientos pacifistas, igualitarios y liberadores que conocimos y en ocasiones alentamos. El abismo de brutalidad en el que caímos y el número de cadáveres que nuestra loca crueldad amontonó no sorprenden tanto como la relación entre esas abominaciones y semejante concentración de cultura.

¿Contra qué protege entonces la cultura?

Antes, es decir, durante la Ocupación, mil palabras alemanas decoraban los muros de París y demás ciudades francesas. Mi aversión por las lenguas dominantes y mi amor por las que intentan erradicar data de entonces. Como, en nuestros días, es posible encontrar en esos mismos lugares más palabras americanas de las antaño destinadas a los nazis, intento defender la lengua francesa, que es hoy la de los pobres y los sometidos. Y constato que, de padres a hijos, los colaboracionistas de esta importación se reclutan en la misma clase, denominada «élite».

Salvo los bombardeos civiles de las ciudades y, en la mayoría de los casos, decididos, preparados, organizados por personas de edad madura, las guerras del siglo mataron a la juventud masculina. En otras palabras, en los ministerios, embajadas y cuarteles generales, unos cuantos padres de la mencionada élite se entregaban con fruición al asesinato de sus hijos por decenas de millones. Poco después, sin duda cegados por el grandioso volumen de tumbas, los hijos e hijas supervivientes aprendieron en las aulas el «asesinato del padre».

Muertos y mentiras: desde luego, era mejor.

Antes, no había teléfonos móviles, de forma que cada cual se enfrentaba a la cruda realidad a pelo; mientras que, hoy, el Abuelo Cascarrabias refunfuña cuando ve a Pulgarcita continuamente sumergida en la inocuidad del mundo virtual, como Sancho, sobre su asno, se reía para sus adentros de los delirios librescos de Don Quijote.

No me habría importado que, antes, esas guerras, esos muertos, esos feroces dirigentes, esas mentiras, esos campos, esos crímenes, ese veneno, no hubiesen causado sus estragos en una realidad igual de cruda, sino en la virtualidad de un inocuo videojuego.

Ideologías

Antes, podíamos caricaturizar a los judíos o insultarlos vilmente en unas publicaciones antisemitas que circulaban libremente, y sin temor al menor proceso; demostrar, casi científicamente, que, aunque fueran nuestros contemporáneos, los africanos, los aborígenes australianos, los negros en general, incultos y semejantes a los primates, eran anteriores al Neolítico. También pretendíamos que los católicos, meapilas todos, no eran más que un atajo de ignorantes y conservadores; que los alemanes solo eran unos brutos sanguinarios, como los socialistas y los comunistas, siempre con el cuchillo entre los dientes; que los enseñantes y los obreros, tan perezosos, solo buscaban unas vacaciones pagadas; que los patronos, esos despreciables capitalistas, chupaban la sangre a los proletarios en cada comida; sin olvidar a los nobles, los francmasones, los inmigrantes, los habitantes de los suburbios... todos ellos diabólicamente peligrosos, claro está. Cada grupo social tramaba un complot contra *nosotros*. Las redes sociales juegan todavía a este juego estúpido y peligroso. Marcados por un notable odio al otro, el diálogo social y la confrontación política se dirigían sin obstáculos significativos hacia los crímenes mencionados. De la palabra se pasaba al acto.

No digo que el racismo haya desaparecido. Pero la mezcla de procedencias, religiones y lenguas en las aulas de las escuelas y en la universidad, los incesantes viajes de turismo o estudios a países vecinos o lejanos, los intercambios entre expertos y empresas, las noticias que llegan de todos los horizontes, el acceso universal que posibilitan el ordenador y el teléfono móvil, el teorema del mundo pequeño, que prueba que, hoy, con cuatro llamadas cualquiera puede llegar hasta cualquiera, el descubrimiento de cifras decisivas que demuestran que los asesinatos son más frecuentes en el seno de la familia que en el extranjero, que la vecindad y la intimidad engendran aún más violencia que la alteridad, que, por tanto, es más difícil amarse los unos a los otros, incluso entre hermanos enemistados, que soportarse los unos a los otros... mitigan, en ocasiones hasta anularlos, aquellos juicios estúpidos e inhumanos de antaño, y de los que no creo que el Abuelo Cascarrabias pueda mostrarse realmente orgulloso.

Comprendo que diga con cierta nostalgia que antes vivíamos juntos y hoy nos refugiamos en el aislamiento individual del móvil. Pero, si nos referimos a las ideologías que en otra época cimentaron las filiaciones que tanto alaba y los crímenes en los que desembocaron algunas de ellas, ¿quién no preferiría abandonarlas? ¿Quién, por otra parte, sabe formar equipo, teniendo en cuenta que los futbolistas franceses hicieron huelga en un reciente campeonato del mundo? ¿Quién sabe formar pareja, teniendo en cuenta el aumento del divorcio? ¿Quién sabe formar parroquia, teniendo en cuenta que estas caen en desuso? ¿Quién sabe sumar en un partido político, teniendo en cuenta que dentro de todos ellos bullen disputas personales que hacen improbables los ideales que pretenden encarnar? Mueren las antiguas

filiaciones, incluso esa Nación a la que nosotros sacrifi-
camos, casi siempre en vano, la generación de nuestros
padres. E intentamos inventar otras nuevas: locales, por
ejemplo, en las que circulan nuevas monedas; y también
globales, con las redes sociales que agrupan a millones
de personas.

Ese es mi individualismo, dice Pulgarcita. Viva el
otro, declara, no obstante.

Contrato natural

¿Qué otro? Los humanos, claro, pero también el conjunto de seres que no forman parte de la especie. Veamos.

Antes, las fábricas emitían sin cortapisas sus desechos a la atmósfera o al mar, al Sena, al Rin o al Ródano. Los buques petroleros vaciaban sus tanques en alta mar. La revolución industrial había dado tal confianza a los obreros, los ingenieros y los pensadores, que parecía que nunca revelaría su cara oscura. Los filósofos enseñaban la finitud humana y la infinitud del mundo, rebosante de dones y ventajas; podíamos echar mano indefinidamente de ese capital que la humanidad había recibido sin contrapartida. Nadie prestaba atención a los residuos.

Poco a poco, la situación cambió. Mientras los londinenses se asfixiaban bajo la bruma y los microbios de la poliomielitis circulaban por Garona, comenzamos a preguntarnos por los riesgos de nuestros actos, sobre todo porque, después de Hiroshima, varias catástrofes industriales alertaron a la opinión pública. Nuestro dominio sobre las cosas producía como contrapartida una respuesta formidable de esas mismas cosas. De ahí este giro filosófico: sí, el hombre es infinito en su saber, sus deseos, su historia, mientras que el mundo es finito; incluso pudimos contemplar nuestro pequeño bajel, fotografiado por los cosmonautas y delimitado por su manto oceánico y su bufanda gaseosa de nubes y aire.

Mientras el Abuelo Cascarrabias votaba por los hombres y solo por ellos, Pulgarcita empezó a defender al Mundo contra nuestras empresas, incluso propuso convertirlo en un sujeto de derecho. Él vive en el confort del narcisismo antropológico; ella acepta y asume el golpe que asestan al Hombre, a su arrogancia, las ciencias de la vida y de la tierra, cuyas lecciones lo sumergen en el Mundo.

Una sociedad perturbada

Antes, quiero decir, en aquellos tiempos de guerra perpetua tanto de los hombres entre sí como de todos ellos contra el mundo, la sociedad vivía en un estado singular, por no decir perturbado. En los periodos de paz, las personas pasan delante de otras personas por la calle, o en la estación, sin apenas verse, o, si se reconocen, intercambian un saludo cuasi indiferente. Nadie desconfía de nadie, salvo algunos enfermos mentales. Esta banalidad neutra garantiza la tranquilidad cívica de las relaciones sociales y las sumerge en la paz.

Por el contrario, el conflicto produce nuevas relaciones basadas en la agresión, el miedo, el odio, la sospecha, y alimentadas por todas estas cosas. Nadie vive sin temor, ni el judío, angustiado por un posible pogromo, ni el resistente, que se arriesga a ser denunciado, ni el colaboracionista, acusado de traición; todos viven en alerta. ¿Existe entonces un solo civil pacífico? Dado que el estado de guerra suspende la sagrada prohibición del asesinato, ahora aconsejado o impuesto, por mor de heroísmo, todos saben que este pasaje al acto les concierne: cualquiera puede ser asesinado; esta noche, mañana, al doblar la próxima esquina y sin advertencia. Todos intuyen en el otro un posible asesino. Ya no hay policía en el sentido de guardiana de la paz. La pena de muerte planea sobre toda la red de las relaciones sociales.

Este estado social, producto de la guerra, resurge también bajo el imperio de los grandes tipos que mencionábamos antes, en el que la policía golpea arbitrariamente en lugar de proteger legalmente. La escena transcurre en Moscú durante la época de Stalin. Todos los jueves, un profesor de física invita a su casa a tres viejos amigos para jugar a las cartas. Los cuatro se conocen desde la infancia, se aprecian, han trabajado juntos y, en el trascurso de esta velada de libertad, la alegre conversación salta de un tema a otro durante las partidas sucesivas y al hilo de las ganancias compartidas.

A medianoche, felices por esas horas de camaradería, apaciguados por el vodka, se disponen a separarse. Es una hermosa noche de invierno. En el momento de la despedida, la anfitriona le tiende el abrigo a cada invitado. Una carta cae de uno de los bolsillos. Es de la temida policía del Estado. «¿De quién es?», pregunta. Todos protestan y niegan que les pertenezca. Al día siguiente, un soldado de uniforme se presenta en el apartamento y reclama la carta. Se la entregan. A partir del jueves siguiente, las reuniones amistosas transcurren en el silencio más denso, hasta disolverse poco a poco.

Adiós amigos, adiós felicidad.

Los hospitales psiquiátricos refieren que, en tiempos de guerras y tiranías, el número de ingresos desciende verticalmente. Todo conflicto vacía los asilos. La interpretación fácil: la locura de la guerra civil o del conflicto mundial se apodera de todo el colectivo. Como de una fuente, brota de los lugares cerrados donde los enfermeros la tratan para desbordarse al exterior e inundar el mundo. Yo no conocí la reclusión, sino esa gran oleada, esa crecida general, un verdadero Diluvio que cubrió toda la tierra con sus aguas mortales. Como esta psicosis general envenena todas las relaciones, flotábamos sobre la marea de veneno. Más tarde, viví el retorno de la paz como una curación. Antes, estábamos enfermos. Intento descubrir la etiología de este absurdo atroz, quisiera saber cómo remediarlo. ¿Cómo, de pronto, se propaga esta pandemia en forma de crecida y por qué, repentinamente, bajan las aguas?

¡Que viva la salud mental de la colectividad, y que dure!

Enfermedades

Antes, como no había antibióticos, la gente moría de sífilis o tuberculosis, como casi todos los ilustrados
del siglo XIX, Schubert, Maupassant o Nietzsche. Mi tía
murió de meningitis un mes antes de la aparición de la
penicilina, medicamento que habría reducido su sufrimiento letal a ocho días de inyecciones; pero, antes, no
había remedio para las infecciones.

Sin seguridad social, los pobres sufrían sin atención, eso es todo. A los ricos tampoco les iba mucho
mejor. Sagaz en sus diagnósticos y, la mayor parte de
las veces, impotente para la curación, un médico, de
ciudad o de campo, portaba en su maletín cada mañana los ocho o diez medicamentos eficaces que había
en una época en que la ausencia de vacunación dejó
a muchos de mis amigos marcados por la poliomielitis.
Una época en la que la gente se burlaba sin piedad de
los discapacitados emparentándolos con los animales

mediante apelativos como «labio leporino», «boca de dragón», «focomélico», es decir, brazos de foca... casi diría que yo conocí *El hombre que ríe*. Sin antiálgicos, antiinflamatorios ni analgésicos, había que aguantar el dolor. Te sacaban las muelas sin anestesia. Yo conocí dos o tres generaciones de desdentados que solo comían sopa. La OMS logró la hazaña, no ya de sanar enfermos aquí y allá, sino de erradicar una o dos enfermedades a escala mundial, como, por ejemplo, la viruela.

Nuestros padres no se desnudaban en las playas ni en las piscinas, y no a causa de un pudor deprimente ni de la llamada moral burguesa de la que Pulgarcita se burla con razón, sino porque, bajo unos velos opacos y largos, disimulaban las marcas de la viruela u otras cicatrices indelebles, como la lechuguilla alrededor del cuello ocultaba antaño el collar de Venus, unas lesiones ganglionares de origen sifilítico.

Enfermizo, paralítico, granujiento, antes, el cuerpo se daba la gran vida sobre un lecho de rosas.

Vida y muerte

Desde mi nacimiento hasta hoy, la esperanza de vida, en Francia, ha aumentado hasta los ochenta años. ¿Cuántos de aquellos que me leen o me escuchan no estarían aquí si la curva de supervivientes no se hubiera recuperado de esta manera? ¿Dónde están los Cascarrabias de antaño? ¿Cuántos hijos había que traer al mundo para conservar a dos o tres?

Antes, ya fuese a causa de la guerra, la enfermedad o la miseria, la gente moría más joven. Era mucho mejor. ¿Por qué? Mejor porque, en el momento del casamiento, los esposos solo se juraban fidelidad por cinco años de media, mientras que, hoy, según las estadísticas, lo hacen por sesenta y cinco años. ¡Qué pesadilla! Mejor también porque Balzac o Dickens hablan de jóvenes herederos de treinta años, mientras que, hoy, ¿cuántos de los mencionados séniores de sesenta años siguen esperando el legado de sus predecesores, que disfrutan de sendas tisanas cada noche y, en verano, de sus viajes con el Club Med? Mejor para ellos, por supuesto. Era mucho mejor antes, puesto que los jóvenes de dieciocho años no dudaban en sacrificar sus vidas a la Patria, atroz madrastra, mientras que, hoy, sus equivalentes dudarían en concederle sesenta años de esperanza de vida. Ya no hay servicio militar. Antes, los padres podían matar alegremente a sus hijos en la guerra. ¿Dónde están, hoy, esos asesinos de antaño?

Intensivos y paliativos

Han sido reemplazados, dice Pulgarcita, por una atención casi sagrada a aquellos que ingresan en la antesala de la muerte. Los enfermos que se acercan al desenlace fatal reciben tratamiento en unos servicios de cuidados intensivos cuyas técnicas avanzadas a veces permiten salvarlos. He visto resurrecciones, dice emocionada. Los irreductibles Cascarrabias llaman a esta serie de milagros sabios y humanitarios «ensañamiento terapéutico». He oído a uno de ellos, restablecido tras dos meses de inconsciencia y cuasi agonía, darle las gracias al jefe del servicio por no haber abierto ni leído la carta que llevaba encima y que especificaba que había escogido morir en paz; y añadió que esa paz se la han concedido los médicos con una segunda vida. ¿Y quién habría imaginado hace solo unas décadas una preparación a la muerte como la que se practica en esos otros servicios llamados «de cuidados paliativos»?

Primero hubo que cambiar nuestras ideas sobre el dolor. Encontrar medios para combatirlo en vez de practicar una ética, heroica y brutal, para soportarlo. A menudo se olvida que la mayor parte de las morales, judía, epicúrea, estoica, cristiana, budista... consistían en ejercicios para poder soportar un sufrimiento inevitable y cotidiano. Hoy, hemos dejado atrás estas prácticas. El dolor no es una compañía necesaria, a veces deseada para dar prueba de entereza, sino un obstáculo a negociar, a superar, a suprimir, si es posible. Así, los cuidados paliativos acompañan al moribundo de todas las maneras, suavizando el sufrimiento físico con sedantes o narcóticos y preparando al paciente, así como a su entorno, mediante asistencia psicológica. Incluso el derecho se entrometió y legisló sobre la obligación de los hospitales de contar con unidades para dispensar estos cuidados. La agonía pasó de muy dura a más suave.

Limpieza, higiene

Antes, hacíamos la colada dos veces al año: en primavera y en otoño. En lengua occitana, la mía, esta ceremonia se llamaba *bugado*. Las mujeres lavaban las camisas y los camisones, los pañuelos, las sábanas, los manteles, en resumen, la denominada ropa blanca, con las cenizas acumuladas durante el invierno en la cocina y la chimenea, o durante el verano en los campos donde quemaban la paja. Al parecer, las cenizas contenían potasio. La periodicidad de esta gran cita semestral significaba que solo cambiábamos las sábanas de la cama dos veces al año, lo mismo que las camisas y los pañuelos. Exigente y dichosa, mi abuela deseaba que ese montón amarillento, por no decir inmundo, saliese de la lavadora convertido en una colada *cande*. Como todo el mundo, ella hablaba latín y, con esa palabra occitana, quería decir: «cándidamente blanca».

No recuerdo que el peluquero cambiase después de cada cliente la capa con la que nos cubría los hombros durante el corte. La sacudía decididamente para que cayeran al suelo los cabellos del anterior, que pisábamos sin prestar atención, y gritaba: «El siguiente». ¿Quién se cepillaba los dientes por la noche y por la mañana? La mayoría de los hoteles no tenían agua corriente ni ducha: una jarra de agua para las abluciones y un orinal en la mesilla, eso era todo. Este último se vaciaba en un cubo, y el cubo, en el carro que, a tal efecto, pasaba por las calles cada mañana. Las cisternas de los retretes fueron inventadas en Londres a finales del siglo XIX y no se generalizaron hasta cincuenta años más tarde. Antes, la gente meaba donde podía y cagaba por todas partes, un poco como en la India de hoy se practica la *open defecation*. Los cronistas incluso cuentan que, en el palacio de Versalles, durante el «Gran Siglo», raramente se abría una puerta sin liberar toda una nube de pestilentes efluvios cortesanos. Los campesinos de mi región curaban las heridas infectadas con raspaduras del fregadero. Al parecer, este moho contenía *penicillium*. Ya en 1897, un médico francés apellidado Duchesne había escrito una tesis sobre el antagonismo de los microbios y el moho. Por supuesto, nuestros rurales la habían leído tan poco como los profesores universitarios, pero, por el contrario, el doctor en cuestión no hacía sino describir las extrañas costumbres de estas buenas gentes.

Química y teórica desde Pasteur, desde el siglo XIX, o, antes que él, desde Semmelweis, la higiene no fue una práctica generalizada hasta bastante después de 1950. En los días de mi infancia, la revista *Elle* se afanó desde su lanzamiento, y no sin estruendo, en recomendar a las mujeres que cambiaran de bragas cada mañana. Todo el mundo se reía entre dientes. La mayoría se escandalizaba. Al resto semejante exigencia le parecía imposible. Sin embargo, la fama de la revista procede de este llamamiento que invirtió para siempre la célebre nota de Napoleón a Josefina: «Señora, vuelvo del campo. ¡No se lave más!». Y ojalá a los dioses se les hubiese antojado que, en esos mismos momentos, hubiera existido una publicación similar para los apestosos varones.

Las estadísticas dicen que la esperanza de vida aumentó gracias sobre todo a esta propagación civil y repentina de la higiene. Antes, vivíamos bajo el imperio de la mugre.

Mujeres

Antes, como los obstetras no se lavaban las manos, las madres morían tras el parto de fiebre puerperal. Su mortalidad y la de los recién nacidos desapareció, o casi, a lo largo de mi extensa vida. Menores legales, las supervivientes del desastre natal no tenían derecho al voto, ni cuenta bancaria, tenían que cubrirse la cabeza al entrar en las iglesias y solicitar la autorización marital para toda clase de trámites.

Unas pocas heroínas cursaban estudios superiores o se manifestaban por unos derechos que los varones consideraban indecentes. Ya viuda, Marie Curie, tan genial en física y química que fue merecedora de dos Premios Nobel, tuvo que soportar un doloroso calvario cuando los periódicos la acusaron de tener un amante. No recuerdo que la tomaran con el hombre. Nuestras memorias de machistas olvidan este dolor injusto. Tampoco recuerdo que los diarios franceses trataran mejor a

Édith Cresson, la que más tarde sería primera ministra. Nuestros libros de historia aún publican la mentira de que nuestro país, inconsciente en este asunto, disfruta del sufragio universal desde hace más de un siglo. Universal masculino, se entiende.

Antes, era mejor para nuestras compañeras. Que se levantaban al alba para poner leña o carbón en la cocina; una hora antes de que hirviera el agua del café. Había que matar a la gallina, desplumarla, vaciarla y luego asarla; preparar la comida y lavar los platos; aprovisionar la despensa y fregar el suelo con gran acopio de agua; todo, entre dos tomas de pecho del último miembro de la familia, más las enfermedades infantiles de sus hermanos y hermanas... ¿Cómo terminar la lista de ocupaciones que esclavizaban a la madre y las hijas dentro de la casa?

¡La misma Pulgarcita apenas lo recuerda!

Hombres en el trabajo

Antes, el trabajo manual era la regla general para los hombres: pala, pico, horca, hacha, piqueta o alcotana, hoz. Durante la guerra, obtuvieron cartillas de racionamiento a título de trabajadores forzosos. No había máquinas para levantar las cargas ni motores para aligerar la tarea; todo se hacía a fuerza de bíceps y con la espalda curvada. Recuerdo levantarme a las cuatro de la madrugada: entre las cinco y las siete, antes del almuerzo, había que cargar de arena, grava o piedra triturada dos camiones de diez toneladas y el grande, de veinte toneladas. Entre tres o cuatro: uno a cada lado del camión; el otro, detrás. La arena y la grava, con pala; la piedra triturada, con horca de nueve puntas. Apenas terminábamos de comer, los tres camiones regresaban vacíos y volvíamos a empezar. A veces, el conductor nos echaba una mano. Veinte años después, bendición: una cinta transportadora hizo posible que ya no fuera necesario levantar la pesada pala por encima de la cabeza, sino que esta permanecía a ras del suelo. El paraíso. Otros veinte años después, las horcas y las palas acabaron al fondo del garaje. No se volvió a oír hablar de ellas. Los tractores y las excavadoras se adueñaron de las obras. Incluso los picos fueron reemplazados por los martillos neumáticos. Paraíso al cuadrado. Salvo para los oídos. El ruido sustituyó al sudor.

Antes, marineros profesionales, avisados especialistas en las turbulencias de las aguas furiosas, por supuesto, no sabíamos una palabra de hidrodinámica ni de dinámica de fluidos; distinguíamos de maravilla nuestras piedras sin entender de geología y podíamos partirlas a lo largo de su línea de dislocación sin competencias particulares en cristalografía; podíamos prever las crecidas de marzo o abril tan caóticamente como los expertos en meteorología y sin ni siquiera conocer esta palabra; manejábamos los aceros de trituración sin conocer la resistencia de materiales; domábamos los caballos de tiro o reconocíamos todos los peces del río, sábalos y mújoles, sin saber de historia natural ni de biología y, más tarde, arrancábamos máquinas de combustión sin entender de termodinámica y orientábamos nuestras grúas de carga sin dominar la estática.

Privados de estos conocimientos teóricos y de sus posibles aplicaciones, antes, las averías, roturas y accidentes múltiples nos acechaban a cada momento. Nos pasábamos el día reparando cosas y pagábamos nuestros propios errores. Yo aprendí en mis propias carnes a evaluar el amargo precio de la ignorancia. A todos aquellos que hacen gala de su desprecio por el intelecto al tiempo que, no obstante, y como todo el mundo, intentan resolver sus dificultades, aconséjenles que prueben la ignorancia de antaño.

Intermedio teórico. Encargado, mucho más tarde, de preparar a los aspirantes a profesores para su oposición, escuché una exposición de altos vuelos y de la mayor abstracción, de boca de un joven erudito destinado al estrellato, sobre la diferencia entre un trabajador manual y un intelectual. En aquella época, el marxismo reinaba en la venerable institución, y el estudiante citó a los genios de rigor: Stalin, Michurin, Mao... Tras el receso, enuncié algo muy simple que enfureció a la estrella en ciernes: el obrero manual se lava las manos antes de mear y el intelectual lo hace después. No solo los militantes y su maestro Althusser no sabían una palabra de ciencia, ni siquiera económica, y, sin embargo, condenaban con desprecio la mecánica cuántica, que ya tenía cierta antigüedad, y la bioquímica, más reciente, como ciencias no proletarias, sino que, como buenos burgueses, raramente se habían manchado las manos. Así que conocí la edad de las tinieblas en los más altos templos del saber.

En teoría, antes eran los buenos tiempos.

El vertedero de herramientas

Vuelvo a la ignorancia, incluso en las ciencias de antes, pues otras herramientas siguieron al pico y la pala camino del vertedero. Y, sin embargo, cuánto orgullo me produjo mi sextante. Encaramados en lo alto del puente de mando, el Abuelo Cascarrabias y yo calculábamos la altura del sol a mediodía y el ángulo de una estrella al anochecer. De regreso en la sala de mapas, consultábamos la tabla de logaritmos y nos entregábamos a cálculos complejos cuya aproximación daba, al final, un punto solamente probable. De error en error, qué suerte, nuestros cálculos nos llevaban a buen puerto.

Grumete o almirante, hoy, Pulgarcita consulta su GPS, que, esté donde esté, le da inmediatamente su posición con un nivel de precisión casi infinito. Pulgarcita no se pierde nunca, sobre todo porque, además del mapa —cuyo esquema en tiempo real se superpone al paisaje, territorio o mar— el dispositivo cuenta con una voz que le aconseja amablemente girar a izquierda o derecha, si no va en la dirección correcta. Así que el sextante, al vertedero, con el pico y la pala. Ya no hace falta equivocarse en unos cálculos anticuados.

Con la pala, la horca y el sextante, el vertedero, rebosante, contiene otras mil herramientas olvidadas, todas o casi todas reliquias de antiguos oficios manuales que requerían de intensos esfuerzos musculares. Así, en mitad de los desechos y sin un orden particular, encontramos: manivelas de todos los tamaños y que lo mismo servían para arrancar el coche que para moler café, preparar puré, accionar los engranajes del tocadiscos o del despertador. El contestador y las clavijas que la telefonista conectaba para poner en comunicación a dos personas. Las tijeras de guarnicionero, para cortar el cuero o coserlo. Las tenazas del herrador, para clavar las herraduras de los caballos, al rojo vivo. El martillo y el yunque del herrero. El plumín Sergent-Major y el tintero que se colocaba en un agujero del pupitre... y los dedos y las páginas llenos de manchas. El cubo para el carbón que había que subir desde el sótano. El corsé de la quesera y el sombrero de copa de su cliente. El potro de herrar, construido con vigas de madera, en el que entraban los bueyes a los que había que quemar las callosidades de los cascos...

...más la cesta virtual en la que yacen las treinta y siete mil palabras que diferencian el último diccionario de la Academia Francesa del que aparecerá dentro de unos meses. A lo largo de los siglos, y desde Richelieu, cada uno de esos léxicos solo se distinguía del siguiente por tres o cuatro mil palabras. La lengua francesa permaneció relativamente estable entre las generaciones anteriores. Pero hoy, entre la del Abuelo Cascarrabias y la de Pulgarcita, ha sufrido una verdadera conmoción. ¿A quién puede extrañarle que estos dos tengan dificultades para entenderse? ¿Hablaremos pronto una lengua tan diferente a la de este autor como la suya lo es de la que escribían los cronistas de la Edad Media, llamada «francés antiguo»? Como el francés, todas las lenguas del mundo, sin excepción, atraviesan en estos momentos por un mismo cambio de etapa que afecta principalmente a los oficios, los nuevos materiales, las herramientas que aparecen y las que mueren.

Lavanderas y palas

Dragábamos las piedras del río Garona más allá del puente de piedra, en el centro de Agén. El barco raramente abandonaba el medio del cauce, mientras que la orilla derecha era el reino indiscutible de las lavanderas, que lavaban las sábanas a base de grandes golpes de sus palas de madera. No estoy seguro de haber comprendido, de niño, todas las palabras que intercambiaban con los barqueros que bajaban por el río, que eran bastante vocingleros. Nosotros embarcábamos en la gabarra, al alba, para llegarnos hasta el muelle. Se decía que su lenguaje era muy colorido. Yo debía de ser daltónico. En todo caso, nuestros maestros no usaban esas palabras en las aulas de la escuela primaria. Mi hermano y yo solo trabajábamos durante las vacaciones. Arrullada por mis viejos amigos, esclavos de la arena y la limpieza, esta escena cotidiana me trae gratos recuerdos de infancia, aunque, por suerte, atenuados por la lavadora y la ecología del agua.

Solo que el Garona, entonces sano, servía para lavar nuestra ropa entre dragado y dragado, de acuerdo, pero hoy, que ya no se draga, está contaminado. ¿O acaso entonces éramos menos mirados con la limpieza del agua?

Grúa

Nuestra vieja cabria databa de los tiempos de Eva. A base de levantar volquetes de piedras, estaba en las últimas y se había vuelto peligrosa. Al vertedero, también ella. Nuestro boletín profesional anunció que el puerto de Burdeos acababa de prescindir de un lote de grúas anticuadas, desgastadas de tanto vaciar cargueros. Pero la más antigua de la gran ciudad y de los grandes buques marinos bien valía para nuestras gabarras de agua dulce. En la subasta, nos hicimos con una soberbia, esbelta, dotada de una aguja vertiginosa que hacía soñar. Pero había que trasportarla desde la dársena hasta nuestro astillero, a casi doscientos kilómetros de allí.

Un experto del puerto apodado Pantaleón, inolvidable por su mano de cuero, nos ayudó a desmontarla en cuatro partes: el zócalo, con sus travesaños de acero; el habitáculo, encima, revestido de planchas de madera, con el motor, los mandos y la cabina del gruista; el contrapeso, en la parte trasera, lleno de restos de acero, rojos y supurando óxido; la aguja, por último, oblonga, elegante, calada, estilizada en sus dos extremos. Con un remolque bajo, no nos fue difícil cargar con las tres primeras partes, pero la aguja...

Nuestro padre se desentendió de ella. Condujo el cortejo del zócalo y el habitáculo por la nacional, con el orgullo de los convoyes principescos. Nos dejó en el puerto a mi hermano y a mí, con un Simca Aronde y un camión Willème de veinte toneladas con volquete basculante. Por cinco francos y un vino, Tiburcio, encaramado en la grúa vecina, depositó la aguja dentada en el camión y nos ayudó a atarla sólidamente. La parte delantera rebasaba de lejos la rejilla del radiador del camión, y la posterior venía muy por detrás de la trasera del volquete. Enseguida comprendimos que el giro más pequeño nos exigiría tal radio que sería imposible cruzar Burdeos de día, a causa del tráfico, la muchedumbre y la policía. Así que salimos del muelle hacia las dos de la madrugada, cuando la actividad había disminuido.

Confieso que abollamos más de una farola y algún que otro muro, y que dejamos nuestra huella en varios hermosos edificios públicos. En algunas plazas, teníamos que hacer diez maniobras para poder pasar. Como quien no quiere la cosa, salimos de la ciudad al despuntar el alba. Nos turnábamos al volante cada hora. Uno conducía el camión; el otro, el coche, que iba abriendo paso por delante del coloso. En aquella época, antes, no creo que existiese una legislación sobre lo que hoy llamamos precauciones y convoyes excepcionales. Sin leyes ni gendarmes, cada uno corría sus riesgos libremente, por no decir alocadamente.

Teníamos veinte años. Y riesgos corrimos hasta decir basta. Pues, pesada como un roble, pero flexible como un junco, la aguja temblaba, se balanceaba a merced de la velocidad y de los desniveles de la carretera. Diez veces estuvimos a punto de perderla, pues se comportaba como un muelle colosal, cuyos caprichos era imposible controlar. Por supuesto, evitamos la carretera nacional atravesando el bosque de las Landas, menos transitado. Nuestro convoy arrancaba el follaje a su paso y, a menudo, tuvimos que limpiar los extremos de la aguja de las ramas que iba recolectando. Recuerdo los pueblos que cruzamos, entre comercios y bares, y las vibraciones transmitidas por los baches de las calles agujereadas, que amenazaban con volcar la grúa sobre los bebedores y los curiosos que admiraban la procesión.

A menos de cinco por hora, el viaje duró tres días y dos noches. Llegamos demacrados, hambrientos, sin sueño, orgullosos. Literalmente, nos habíamos quitado un peso de encima. Nuestro padre no hizo preguntas. Ordenó montar la recién llegada en nuestro muelle del Garona. Desde entonces, yo no podía verla pivotar sobre su eje, balanceando un contenedor de arena en el extremo del cable como una señora que sujeta su bolso con la punta de los dedos, sin recordar cada detalle de aquel convoy del miedo.

Por aquel entonces, estaba en el primer curso de la Escuela Normal Superior, en la que mis estudios filosóficos se repartían entre Plotino, el místico griego, y Husserl, un pensador de lengua alemana cuyos galimatías no entendía en absoluto. Dividía mi tiempo entre la Sorbona y el mono de trabajo, entre piedras y lo trascendental, lo más duro y lo más llevadero.

Más tarde, guardiamarina en el puerto de Yibuti, tuve que cargar, sin maquinaria alguna, una hélice de crucero descomunal en nuestra frágil lancha de desembarco. Estaba preparando la maniobra, cuando el comandante bajó de su camarote para declarar bien alto y mirándome por encima del hombro: «¡No quiero ver a un intelectual con los pies en los cables!», y luego se retiró. Nadie prestó atención a sus palabras, pues los marineros no comprendieron a quién se dirigía aquel apóstrofe tan sofisticado. Cuando la hélice estuvo por fin a bordo, debidamente estibada en el fondo de la cala —pues, si un fuerte balanceo las liberaba de sus ataduras, sus palas ultrafinas podían cortar el casco y hundir la lancha—, el comandante preguntó a quién tenía que felicitar por haber domado aquella pérfida bestia. «A

Paré, mi comandante, respondí. Nosotros la levantamos, Dios la sujetó»[1].

Andando el tiempo, conocería tales métodos de carga en astilleros gigantes, puentes o presas, que me avergüenza contar semejantes arcaísmos.

---

[1] El autor parafrasea al célebre cirujano hugonote (1510-1590): «Yo lo cuidé, Dios lo sanó». (*N. del T.*)

Rey de la redecilla antimoscas

Otra antigua fanfarronada: desciendo de la aristocracia. Uno de mis bisabuelos, más listo que el hambre, fue coronado rey de la redecilla antimoscas por sus pares agricultores. Los bueyes, cuando estaban bajo el yugo, no podían sacudirse las moscas del hocico con el rabo ni con las orejas; apenas con la lengua, lo bastante larga, sin embargo, para alcanzar la nariz. Los malvados insectos les hacían la vida imposible, sin ningún obstáculo que les impidiese posarse en los ojos o la boca de los sufridos cuadrúpedos.

El aristócrata en cuestión no inventó la redecilla. Esta tela perforada se sujetaba a los cuernos y colgaba por delante del hocico mientras el buey, con la cabeza inmóvil por el yugo, araba o tiraba de una carreta: las moscas no podían atravesar las mallas de la red, que no cegaba al bovino. Lo que inventó fue su producción a bajo coste —hoy diríamos *low cost*, que suena mucho más *in*—. Conseguía los excedentes de las hilanderías del norte por vagones enteros y los enviaba en tren al presidio de la isla de Ré, donde antes había instalado una máquina de su invención que automatizaba el tejido. Los excedentes de las manufacturas le salían gratis y el trabajo de los reclusos también. A veces, los presidiarios se lo tomaban muy a pecho y enviaban tejidos ornamentados con fastuosos diseños artísticos. Sí, algunas de estas redecillas que inundaron la Francia rural eran verdaderas obras maestras del buen gusto. En Montaigu-de-Quercy, departamento de Tar y Garona, mi antepasado era el rey. Me enorgullece ser uno de los numerosos descendientes legítimos de este señor, no de las moscas, sino de las redecillas. Fue rico, a escala local, respetado, solicitado y alabado.

No por mucho tiempo, por desgracia, y para decepción de sus herederos, pues el tractor expulsó del campo el viejo arado tirado por bueyes tocados con caretas traslúcidas. Muy pronto, los agricultores surcaron los campos encaramados en sus máquinas, sin fatigarse, a resguardo en sus cabinas, escuchando música. Arruinados, mi hermano y yo nos pasamos nuestra infancia saltando sobre montañas de redecillas invendidas, inútiles, acumuladas en la sede matriz del príncipe destronado.

Cuál no sería mi sorpresa, más tarde, al descubrir que los australianos fijan un velo transparente al borde de sus gorras y sombreros para protegerse la cara de las moscas invasoras y crueles.

La espalda campesina

Antes, pues, el arado avanzaba tirado por un par de bueyes. Con una mano, había que hacer fuerza sobre la esteva y mantener la reja derecha a lo largo del surco; la otra servía para guiar a la pareja bovina y picarle el trasero con la aguijada. Había que recoger las patatas de rodillas en el mismo surco. En otoño, cuando nos encaramábamos a las ramas para recolectar melocotones y ciruelas, cantábamos, bien erguidos, como de alivio. Mis antepasados venían sufriendo de la espalda desde el Neolítico, como mis padres y yo. La tierra está baja. Más baja que los pies. Para trabajarla, hay que doblarse, encorvarse, hasta partirse el lomo. Antes, por tanto, los campos estaban llenos de campesinas y campesinos prosternados, como orando a la diosa Tierra. En *El Ángelus,* Millet, pintor del domingo y la ciudad, se los presentaba a los urbanitas de pie. El tiempo justo de rezar tres avemarías. El resto del día, con la espalda rota, sus riñones pedían clemencia.

¡Victoria! ¡Al fin se incorporaron!

No me duele la espalda desde la infancia. Salvo cuando paso mucho tiempo delante del ordenador, en compañía de Pulgarcita. Pero este dolor leve de los signos no se puede comparar con la severidad del antiguo dolor que provocaban en el cuerpo nuestras arcillosas tierras gasconas y los aperos de labranza. Antes, se sudaba. Uno llegaba a casa al anochecer y agotado. Hoy, el *jogging*, el *stretching* y otros suplicios anglómanos suplen la ausencia de esfuerzo. Pero el dolor de espalda era mucho mejor.

Con la continua reducción de la jornada laboral, los trabajadores de cuello blanco han reemplazado a los de cuello azul. Pero ¿quién reemplazará a los campesinos? En la época en que nació el Abuelo Cascarrabias, eran más de la mitad de la población. Desde el nacimiento de Pulgarcita, solo suman un 3,6 %. ¿Habrá visto ella parir a una vaca? ¿Habrá escuchado nacer una nidada? ¿Habrá olido el delicado aroma del estiércol? ¿Conocerá aún a los padres nutricios de la humanidad?

Internados

A propósito de ese perfume de establo, me viene a la memoria mi pasado de interno, dormitorios, estudios y refectorios incluidos. En el dormitorio del colegio de Agén, éramos treinta. En el del instituto de Burdeos, sesenta. En el del liceo Louis-le-Grand, en la calle Saint-Jacques, en pleno Barrio Latino, más de cien. No puedo contar las hamacas amontonadas en el compartimento de la tripulación ni las habitaciones de hospital en las que he oido gemir a mis vecinos. Recuerdo aquellos lavabos, duchas y letrinas, todos comunes. Nadie se lavaba después de la clase de gimnasia ni al final de los encuentros de baloncesto, atletismo o rugby. Íbamos sudorosos al estudio, a clase o a la cama. La primera estrofa de esta canción de gesta trata del olor, compacto en el dormitorio, potente en el refectorio, donde los aromas del menú y la vajilla se sumaban al de las axilas, más ligero en clase, donde los externos añadían las colonias de niños mimados por sus madres, con sus ropas chic y su beso matinal, a nuestra población en bata gris y a menudo zuecos, pero sin papá ni mamá.

Cierto es que gozábamos de la libertad de darnos una ducha a las cinco de la madrugada. Una vez por semana, un vigilante que tenía la llave, abría el cerrojo de la puerta, daba unas palmadas y gritaba para despertarnos: «¡A la ducha! ¡A la ducha!». Adivinen cuántos valientes se levantaban y cruzaban a la carrera, casi desnudos, los dos patios que separaban nuestras camas del baño, sobre todo entre las alboradas negras de noviembre a marzo, heladas, viento y escarcha. La segunda estrofa, más discreta, describiría el repugnante horror de los retretes, más las conductas ocultas que inducían esos lugares. Pero ya he hablado antes de nobles pestilencias.

¿Alguna vez he vivido más en comunidad que entonces? Nunca solos, salvo por la noche, en la oscuridad de la cama, antes de dormir, entre gritos, ronquidos, quejas, alboroto y olores. Solitarios, nunca aislados. Allí viví horribles tiempos de abandono y también algunas horas de paraíso, de esa verdadera fraternidad que después no he conocido muy a menudo, sin duda condicionada por el ascetismo de los trabajos forzosos y la intensa alegría de soportar semejante vida juntos.

Más tarde, fui profesor en la Santé y no me sorprendió demasiado averiguar que el arquitecto que concibió esta prisión había sido el mismo que diseñó el patio y las galerías del instituto en el que pasé tan deliciosos años. Entraba en uno y reconocía inmediatamente el otro. Interno, presidiario.

Era mejor dentro.

Los viajes ordinarios

¿Y fuera? El padre de mi cuñado tardó seis meses, calmas ecuatoriales incluidas, en llegar en velero desde Liverpool a San Francisco, por el cabo de Hornos. Su goleta portaba trescientas toneladas de cemento para reparar los destrozos provocados por el terremoto de 1906. Embarcado más tarde en un vapor, una avería en la hélice lo retuvo otros seis meses en un puerto de la India. Tuvo tiempo para visitar el Himalaya. Bloqueado en Shanghái por la guerra chino-japonesa y, luego, por la guerra mundial, no vio a su familia durante más de diez años. En Francia, su esposa e hijos tuvieron que aguzar el ingenio para sobrevivir. Viuda y viudo geográficos.

Hacia 1935, un amigo mío, exportador de frutas y verduras de Bocas del Ródano, tardaba ocho días en llegar a Edimburgo para ver a sus clientes. Salía de su pueblo en coche de caballos y hacía noche en Marsella. Bajaba del tren en la estación de Lyon y hacía noche en París. Tomaba el ferri para cruzar el Paso de Calais. Noche en Douvres; noche en Londres; noche en Edimburgo. Sus contactos escoceses le hacían terminar el periplo a caballo, como lo había empezado. ¿Cuántas horas llevaría hoy el mismo itinerario?

En los años 50, cuando era un joven estudiante, salía de Agén, Lot y Garona, en el tren ómnibus de las 17:30 para llegar a París-Austerlitz a las 9 del día siguiente. Como no había asientos, me pasaba la noche de pie en el pasillo. Périgueux, Limoges, La Souterraine... eran lo nombres propios que la megafonía recitaba en mis sueños en vela. Al llegar, me sentía fresco como una rosa de primavera, sobre todo porque, como abría la ventana de vez en cuando para respirar algo mejor que los olores íntimos del vagón, se me llenaban los ojos de la carbonilla que escupía la chimenea de la locomotora.

Era mucho mejor.

Comunicaciones

Antes, fui marinero. Destinado por cierto tiempo en un puerto de Somalia, solía escribir a mi novia, a la que el trabajo ataba a Burdeos, Gironda. Eran dos ciudades portuarias, así que las comunicaciones tenían que ser rápidas. Las cartas nos llegaban tras un mesecito de viaje. Ella respondía amablemente a mi estado de ánimo del momento y yo correspondía con donaire al suyo. La distancia hacía que, durante la espera, ambos olvidásemos, o casi, la emoción delicada y frágil que el otro describía. Un galimatías difícil de descifrar codificaba pues cada misiva. ¡Se diría que Hermes no había nacido aún!

Entonces, no podía imaginar el milagro del teléfono móvil, con el que suspiros y confesiones atraviesan el espacio como la luz, sea cual sea la distancia. Las emociones se responden, los sentimientos se fusionan. De ahí que la correspondencia amorosa haya nacido recientemente, cuando yo ya peinaba canas. Ahora, la mano en la mano y de corazón a corazón, Pulgarcita intercambia palabras tiernas desde Australia con su Pulgarcito, en Mantes-la-Jolie.

¿Dónde dormitan, oh, Sévigné, los malentendidos de antaño?

Antes, vivíamos aislados en un espacio heterogéneo y fragmentado por doquier. Sabíamos poco de lo que pasaba en la granja vecina, algunos detalles del pueblo, casi nada de la capital de provincia. ¿Qué podíamos saber de París y del extranjero, aparte de lo que traían los rumores? Durante la guerra, la propaganda política acentuó esta ruptura de las comunicaciones. No conozco a nadie que escuchase en persona el famoso llamamiento del general De Gaulle, el 18 de junio. Cada beligerante inundaba de parásitos las emisiones radiofónicas del enemigo. Todos los mensajes eran confusos. Quedaban las mentiras de las habladurías. La ausencia de información condujo a mucha gente a tomar malas decisiones y, a veces, a cometer crímenes. Perdonad la ignorancia en vez de acusar de mala voluntad. Esto, en lo que se refiere a la información.

Más tarde, tuve que medir las distancias del saber. Era mejor vivir en París o en una gran ciudad para acceder a las bibliotecas, universidades y centros documentales. Una información o una cita podían costar días de viaje y horas de investigación. Hoy, clic, en una centésima de segundo obtienes el mismo resultado. Antes, la ciencia se concentraba aquí y allá, pero escaseaba en cualquier otro lugar. Hoy, el saber está prácticamente en todas partes.

Sí, Pulgarcita lo sabe todo. Aunque información no siempre es lo mismo que conocimiento.

Concentraciones y distribución

Antes, todo estaba concentrado. Los hombres, en las ciudades; el oro, en los sótanos del Banco de Francia; las obras maestras, en los museos; el agua, en los embalses; los libros, en las bibliotecas; los experimentos, en los laboratorios; el cielo, en los observatorios; los niños, en los patios y las aulas de las escuelas; los jóvenes, en las universitarias; el público, en el cine; los soldados, en los cuarteles; los clientes, en las grandes superficies; los enfermos, en el hospital; las mercancías, en los almacenes; los diputados, en el Parlamento; los dirigentes, en el palacio del Elíseo, la Casa Blanca, el Capitolio o el Kremlin, ojo a las mayúsculas... Como si el capital insistiese en almacenarlo todo en depósitos diversos. Ya se trate de dinero, mercancías o poder... todo circula hoy en una inmensa red de distribución en la que cada uno dispone de la información. El flujo ha batido al stock. La información ha batido a la energía.

Menos concentración... ¿dónde residirá el poder? ¿En la concentración de datos?

Y cuando el Abuelo Cascarrabias quiso hacer hoy como ayer, mandó construir, con gastos exorbitantes, cuatro torres gigantescas en las que amontonó los libros de antaño; un edificio que se asemejaba a esos cuadrantes solares erigidos en la India del siglo XVII por unos marajás que eran expertos astrónomos, pero ignoraban que, más allá de la línea del horizonte, hacia el oeste, un tal Galileo acababa de inventar el telescopio astronómico, cuya precisión dejó los cuadrantes desfasados. Los monos no tardaron en apoderarse del lugar para brincar por las altas murallas y entre los ejes, ahora desocupados. ¿El Abuelo Cascarrabias no había escuchado hablar a sus seres queridos, o más bien a sus nietos, de Wikipedia y otros motores de búsqueda cuya flexibilidad y rapidez nos procuran hoy todas las páginas que podamos desear, en pantalla y desde casa? ¿Acaso mandaba callar a Pulgarcita? ¡No sería porque viviese a miles de kilómetros de ella! Leamos en el futuro una imagen del pasado: ¿brincarán las ratas, atiborradas de libros, en estas torres del Sena como los monos astronómicos de la India?

Procedencia alimentaria

Antes, en la mesa precisamente, comíamos y bebíamos productos naturales y auténticos, dicen los Cascarrabias. ¡Ah! ¡La procedencia! Sabíamos de dónde venía la leche: del establo de Grégoire, adonde íbamos a veces a ayudarlo a ordeñar a Marquise o Bonnette, todas rubias de Aquitania. Pero el buen granjero, que miraba mucho por sus cuartos, ni llamaba a menudo al veterinario ni detectaba las enfermedades del ganado tan pronto como él. Así fue como contraje la fiebre aftosa a los veinte años. Nadie se muere de eso. No vale la pena sacrificar miles de reses. Una fiebre de caballo te atrapa por dos semanas, durante las cuales boca, lengua, encías y paladar se llenan de unas aftas tan dolorosas que beber y comer se convierten en un suplicio. En casa, nadie pensó ni por un momento en reprocharle nada a Grégoire, que siguió vendiendo su leche en el mercado cubierto de la ciudad. Que yo sepa, no hubo epidemias dignas de mención.

¡Ah! ¡La procedencia! Entonces sabíamos perfectamente de dónde venía el jamón: cada invierno, matábamos un cerdo, previamente engordado en la granja de Poulère. Lo colgábamos por las patas traseras y sus deplorables gruñidos retumbaban en toda la casa. Tras varios meses en el sótano, colgado también él, usábamos un cuchillo puntiagudo para encontrar los gusanos del jamón, entre el hueso y la grasa, e intentar desalojar a nuestra competencia directa en la manducación de la carne. ¿Quién puede negar que su presencia preservaba la biodiversidad, por no decir que la favorecía?

¡Ah! ¡La procedencia! En cuanto al pan, su harina procedía del trigo que cosechábamos y luego llevábamos al molino. Una mañana, en el desayuno, encontré la mascada del panadero en la miga de mi rebanada, por supuesto sin mantequilla. Entonces sí que protestamos en la panadería. El viejo artesano se partía de risa: «¡No tenéis ni idea! ¡A la temperatura del horno, mis micro-bios, si es que los tengo, y lo dudo, no sobreviven al calor! ¡No corríais ningún riesgo de coger mi gonorrea!».

Lo que sí cogíamos era diarrea, al menos seis veces al año y en familia. Durante la guerra, e incluso algunos años después del armisticio, pasamos un ham-bre canina. Los macarrones que nos daban en el come-dor del instituto estaban plagados de gusanos. ¡Ah! ¡La biodiversidad! Antes, las comidas eran copiosas. Mejor: deliciosas.

¡Ah! ¡La procedencia! En nuestro terruño gas-cón, sin una ganadería notable, terminábamos las comi-das con un queso cantal que nos vendían unos auvernios que bajaban desde sus montañas del lejano norte. Con-vencidos de su solitaria unicidad, lo llamábamos «queso de mesa». No por su nombre propio, sino por el nombre común de este producto lácteo. Los amigos normandos comían pont-l'évêque y los saboyanos, reblochon, ambos, seguramente, con la misma conciencia de su exclusividad. En otras palabras: antes, en cada rincón teníamos nuestro queso.

Recuerdo con deleite a qué velocidad empezaron a circular después de la guerra los fourmes, pyrénées, cancoillottes, saint-nectaire, pont-l'évêque... El puesto del quesero parecía de pronto ese mapa de Francia en el que el general De Gaulle descubrió, al mismo tiempo que sus súbditos, su diversidad olorosa, cultural, ingobernable, según decía. El marido de la tía Yvonne parecía no resignarse a la diversidad.

Estupefacto ante la mesa de unos belgas, mi abuelo exclamó una mañana: «¡Michel, corre, ven a ver! ¡Están comiendo mantequilla!». Aquel espectáculo le parecía incongruente y sorprendente. Francia, en efecto estaba dividida: los norteños untaban mantequilla en sus rebanadas; los sureños ponían aceite en la corteza y —oh, cielos— una pizca de ajo. Antes, teníamos una etnología.

Lenguas y acentos

También nuestra lengua tenía su picante. Teníamos tantas fronteras lingüísticas como nuestro mapa de quesos, lo cual no facilitaba la comprensión. Nacido cerca de Château-Thierry, mi amigo Philippe vino a Gascuña desde la Champaña para visitarme. Preguntó diez veces el camino sin que nadie entendiera lo que decía y, por tanto, sin obtener respuesta. Huelga decir que, en estos diálogos, ambos interlocutores hablaban francés. En el mapa de nuestros departamentos, los acentos imponían un caos cacofónico tal que, para un aquitano, Jura o las Ardenas eran prácticamente inaccesibles.

Yo sufrí más humillaciones por mi acento occitano que un iroqués en tierras persas o un africano en el Deep South. En el oral de la Escuela Naval, el examen auditivo, en el que había que expresarse en voz alta e inteligible, levantó a mi alrededor carcajadas inextinguibles, hábilmente alimentadas por el médico examinador, que me hacía repetir sin descanso: «cuarenta». Más tarde, obtuve un destino inferior a mis resultados en la oposición para profesor. El presidente del jurado, un filósofo notable, adujo que yo no era aprovechable en la totalidad del territorio. No dudo de que tuviera razón, ya que no nos comprendíamos los unos a los otros y, en mi primer puesto, en Auvernia, los estudiantes decían a mis espaldas que debía de ser italiano. En París, antes de presentarme ante cualquier ventanilla, en Correos, una estación o el teatro, tenía que entrenar largamente para pronunciar las palabras con el suficiente acento «francés» como para que se dignasen acceder a mi demanda sin troncharse de risa antes, como hace todo el mundo en Londres, Cardiff o Edimburgo cuando cambia de Gran Bretaña, o en Milán y Brindisi, cuando cambia de Italia. No estoy seguro de que un árabe, un inmigrante africano o un rumano que aún tropieza con las palabras se sientan, hoy, más humillados de lo que yo me sentía entonces. Pulgarcita tiene el oído más diferencial que los abuelos de antaño, que refunfuñaban cuando me oían.

Durante la defensa de una tesis, en la Sorbona, presencié cómo los miembros del tribunal hacían que la asistencia se riera del examinando, por lo demás, experto mundial en su materia, a costa de su acento quebequense. Los doctores parisinos trataban al erudito canadiense de indio de las praderas. *«Speak white»,* gritaban allí los anglosajones a los francófonos. Mi amigo de la universidad de Laval se sentía aún más humillado que yo tanto en París como en su país. La televisión acabó con todo esto. La actualidad ha escogido escuchar a Quebec y a Gascuña con menos guasa.

Vestimenta y cama

De la voz a los pies, hablemos de zapatos. Antes, la dureza del cuero nos lastimaba los talones y los tobillos. Para suavizarlo, había que caminar varias semanas, durante las cuales los dedos se nos llenaban de ampollas y callos. Se decía que los ricos obligaban a sus sirvientes a usar sus zapatos durante dos meses para hacerles el rodaje.

Sabias también en esto, las últimas décadas suavizaron todas las prendas. Incluso las botas de alta montaña con aquellas punteras fabricadas en plástico duro que nos lastimaba los dedos parecen ahora pantuflas mullidas.

Las camas. Los dormitorios carecían de calefacción y estaban helados durante todo el invierno. Meterse en la cama entre sábanas húmedas era un acto de heroísmo. Nuestros campesinos inventaron un pequeño bastidor oblongo de madera ligera en cuyo centro se suspendía una cazoleta llena de brasas del fogón de la cocina. ¡Milagro! Uno entraba en una cama paradisíaca y templada. En Aquitania, el calentador en cuestión se llamaba «fraile»[2]. ¿Por qué fraile? El abuelo Michel no lo sabe todo.

La guerra había empujado hacia el sur a poblaciones de lengua *oïl*, picarda o alsaciana. Después del armisticio, volvieron a sus casas. De forma que, repatriada en su París natal tras la Liberación, una joven rubia y refinada quiso comprar un fraile en una ferretería del distrito 6. «¡Un fraile! —exclamó desconcertado el comerciante, seguramente anticlerical—. ¿Y para qué lo quiere, señorita?». «Pues para meterlo en mi cama», respondió ella, ingenua y virginal.

---

[2] *moine*, en el original. (*N. del T.*)

Sexualidad

Virginal, decía. Antes, nunca se hablaba de eso. Era tabú. De hecho, para no hablar de las zonas bajas, las palabras del cuerpo llegaban desde la cintura a la cabeza. Por debajo del estómago, era *terra incognita*. Las ilustraciones de los manuales de historia natural mostraban desnudos con la entrepierna desierta o cubierta por una hoja de parra. ¿Por qué la viña y no el plátano o el banano? Reservado al argot, a algunos estudiantes y a la soldadesca, el vocabulario especial de las canciones libertinas y las historias rabelesianas servían de válvula de escape para la juventud y algunos escritores.

Tanto en la calle como en las piscinas, las mujeres se fueron destapando paulatinamente. La mayor parte de los muchachos y muchachas núbiles llegaban al matrimonio dotados de una ignorancia abismal en lo que se refiere a esa región. Una heroína de la Resistencia, cuyas hazañas bélicas fueron lo bastante notables como para que le dedicaran una calle en París, maestra de profesión y estando encinta de seis meses, preguntó durante la guerra —es su ginecólogo quien lo cuenta— por dónde saldría el niño al nacer. El especialista respondió que saldría por la vía que tomaba a veces su marido, y ella se mostró enormemente sorprendida. En la escuela primaria, ella hablaba a sus alumnos de la semillita que hace que los árboles y el trigo se reproduzcan. Otro ginecólogo célebre narraba que algunas parejas, casadas desde hacía años, venían a consultar su esterilidad, pero, tras unas pocas preguntas, confesaban que hacían el amor por el ombligo. La educación sexual de los alumnos parecía algo inconcebible, por no decir perverso. Y los divorcios no tenían buena prensa.

Nunca se hablaba de violación. Por supuesto, en todos esos casos, se juzgaba sobre todo la culpabilidad de las mujeres, pues el macho conservaba su derecho a conducirse como un gallo. Las cifras relativas al maltrato sexual de los adolescentes dentro de la familia empezaron a publicarse recientemente. Tampoco hace tanto que descubrimos con horror que cada dos días muere una mujer a manos de su marido o su amante, y que dos niños mueren cada semana bajo los golpes de sus padres. De nuevo el asesinato del padre. El tradicional elogio de la familia nunca mencionaba estos dramas íntimos.

Antes de la guerra y mucho después de ella, la sífilis y otras enfermedades venéreas hacían estragos y mataban a un porcentaje notable de la población, sin cura posible ni conocida. Sembraban tal terror que todo ese silencio, toda esa hipocresía, sin duda encontraban su explicación en él. Por miedo, había que alabar la sacrosanta familia y dejar el sexo, siempre abyecto, en la sombra.

El hada electricidad

La sombra. La electricidad se difundió muy lentamente. En la estación de Austerlitz, en los años cincuenta, los viajeros podían leer en los muros del barrio sendas pancartas exigiendo que llevasen la luz y la electricidad hasta aquellos edificios y que los conectaran a la red. Antes de este acontecimiento a menudo tardío, reinaban el frío y las velas. Los ricos se permitían el lujo de comprar unas lámparas de petróleo que rezumaban, humeaban y apestaban. Cuando avanzábamos por un corredor helado, candelabro en mano, el viento de la marcha hacía oscilar la mecha de la vela y la llama proyectaba sobre las paredes unas sombras cuya danza aterradora evocaba toda clase de genios, elfos, fantasmas y larvas procedentes de los ejércitos de las tinieblas que nos rodeaban. Como el llamado siglo de las Luces aún se iluminaba a base de velas, solo la llegada de la electricidad expulsó definitivamente los terrores de la superstición. ¿Quién recuerda, hoy, aquellos largos tiempos de oscuridad, sin embargo, tan próximos? ¿El Abuelo Cascarrabias, alias el Sombrío?

Fealdad y belleza

Ahora, dos o tres pasos a favor del Abuelo Cascarrabias. Las cosas no suelen avanzar siempre en una única dirección. Visitemos juntos las entradas de nuestras ciudades, grandes o pequeñas. Antaño pasábamos de lo rural a lo urbano continuamente y con la mayor sutileza. Aún no habíamos dejado atrás la hierba, y ya estábamos ante las murallas; aún veíamos viñas, campos de trigo o pastizales, y ya se vislumbraba el parque de bomberos. El campesino transitaba suavemente hacia el hábitat del urbanita, o viceversa, y ambos atravesaban despreocupadamente ese preámbulo amable, a veces incluso delicioso. El de la Pau, ciudad bearnesa, no se parecía al de la Mulhouse alsaciana. Y las entradas a Brest, bretona, eran bien diferentes de las que llevaban a Agén, la gascona.

Era mejor antes, sin duda. Pues, ahora, el horror reina uniformemente en esos mismos lugares, en todas las ciudades francesas. Las pintadas anulan la arquitectura, la publicidad exhibe sus ignominias, los colores agreden a la vista, la fealdad apabulla. ¿Por qué milagro la dulce Francia acepta masivamente ser crucificada por las insolencias brutales y repetitivas de los amos mundiales del dinero? ¿Cómo es posible que los urbanistas, los alcaldes, los arquitectos, sin embargo, educados en la contemplación de catedrales sublimes y paisajes divinos, hayan olvidado tan pronto el refinado gusto de su país y copien tan servilmente esas monstruosidades estadounidenses? ¿Cómo es posible que una muchedumbre razonable no haya demolido esas abominaciones con una rabia sana y avisada? Con el lenguaje y el imperio del dinero, hemos importado el mal gusto y nuestro sentido de la belleza se resiente amargamente.

Sí, Abuelo, en esto, era mejor antes.

Aprovecho para recordar a Yvette, mi buena amiga de juventud. Vivía en el barrio Valence, junto a los cuarteles, es decir, en la corte de los milagros. Su madre lavaba la ropa en el Garona y su padre había desaparecido. Las clases acomodadas no frecuentaban estos lugares, en los que tres hogares compartían una única olla. Veinte años después, Yvette había conseguido salir de allí. Se había casado con un camionero y veraneaba con sus hijos en Mimizan, a la orilla del mar. Una mañana, nos encontramos y, tras unos besos más que amistosos, ella empezó a evocar los viejos tiempos. «De acuerdo —decía—, no comíamos postre todos los días, pero, acuérdate, Michel, vivíamos juntos». Juntos. «Nos ayudábamos mutuamente. Nos pasábamos todo el santo día hablando. Ahora, vivimos solos». Y se puso a llorar. Sí, abuelo, antes formábamos comunidades. Caóticas, ruidosas, discutidoras, con la ropa interior tan agujereada como la exterior, pero cálidas y fraternales.

Hablábamos los unos con los otros mientras esperábamos

Antes, siempre había que esperar. Esperábamos la cosecha, la primavera, la lluvia, la vendimia o la Navidad. Esperábamos el correo, esperábamos el retorno de quien se había hecho a la vela y del que nadie tenía noticias. Y el que espera desespera. Por fortuna, leíamos novelas río de varios tomos en las que la heroína también esperaba el amor. Pero, precisamente, del mismo modo que Madame Bovary hizo el amor diez veces menos en la realidad que en la virtualidad de sus sueños y esperanzas, ¿no es así siempre en todo ser humano? ¿Acaso no somos virtuales en las tres cuartas partes de nuestras acciones?

¿Quién puede comprender, hoy, hasta qué punto esas esperas consumieron nuestra paciencia? «*Longitudine dierum replebo eum*»: «lo saciaré de largos días». ¿Quién evaluará lo que las religiones, las culturas, las literaturas y poesías, las morales, las filosofías, sí, lo que todas ellas le deben a esta interminable suspensión del deseo? ¿Frustración, dicen? ¿Quién estima, hoy, en su justo valor, el acceso universal, en tiempo real, en cualquier lugar, a cualquier persona, a cualquier información, la inmediatez de toda comunicación y, a veces, de la satisfacción de los deseos?

Los medios

En la Marina se decía que el señor Escartefigue, a la sazón alcalde de Tolón, compró la torre Eiffel pieza a pieza, después de la exposición universal, cuando se disponían a desmontarla. Planeaba reconstruirla en lo alto del monte. ¡Imaginen la altura y el alcance de la luz de un faro así! Pero la radio estaba dando sus primeros pasos y necesitaba un poste lo bastante alto para la difusión de sus ondas. Por esta razón, el gobierno se opuso al proyecto marítimo y la torre permaneció en París, entera y en pie, para desgracia de la gente de buen gusto, que deseaban verla desaparecer, y para su desesperación, se convirtió en el emblema de la capital y casi de Francia.

Pocos emisores en la cima, muchos receptores en la base: la propagación de las ondas, de las noticias, de la comunicación en general, adoptó la forma exacta de la torre Eiffel, la pirámide sistemática del poder. Escritos, visuales o sonoros, los antiguos medios se difundían, se siguen difundiendo, en forma de haz, a partir de un cenáculo restringido de anunciantes y hacia la muchedumbre de perritos sentados que escuchan la voz de sus amos. En la medida en que esta forma favorece la apropiación de la información en la fuente y la constitución de un grupo de presión que la difunde en su propio beneficio, favorece el poder antes que el conocimiento. Encadenados, es la palabra, a este cuarto poder, sometidos a él, formateados por sus repeticiones, hemos terminado temiéndolo y, a veces, detestándolo.

Pulgarcita se ha liberado de él, pues, hoy, ella es, yo soy, tú eres, nosotros somos, vosotros sois, ellos son tanto emisores como receptores. La base de la torre Eiffel obtiene la misma dignidad que su cima, que al final desaparecerá, o eso esperamos todos. Afortunadamente, ya no construiremos así. Ya no pensaremos así nuestras relaciones ni la sociedad. Ya no creemos en esa antigua política ni en esas viejas instituciones tan estables que, desde las pirámides de Egipto a la torre Eiffel, su estructura formal no ha cambiado, siempre tiránica bajo apariencia de república.

¿Avanza la democracia? O mejor: ¿va a nacer?

Da capo: regreso a lo político

Hablo de las repúblicas de antaño, dice el Abuelo Cascarrabias, en las que se respiraba libertad. Pulgarcita responde: comparémoslas con el presente, con este tiempo real que, hoy, tengo en mi mano, dice blandiendo su teléfono móvil.

¿Quién podía afirmar algo así en el pasado?, pregunta. ¿Augusto, emperador de Roma, en cuya boca Corneille pone la siguiente fanfarronada: «Soy tan dueño de mí mismo como del universo»? ¿El Rey Sol, en Versalles? ¿Un tirano, en el Kremlin? ¿Un multimillonario, en la Bolsa? En todo caso, unos personajes muy infrecuentes, encaramados a la cima de la torre Eiffel, tan alejados del suelo y de los simples mortales como les sea posible. Ahora bien, hoy, precisamente, 3750 millones de Pulgarcitas por todo el mundo pueden proclamar, móvil en mano, esta divisa, mejor dicho, y en sentido literal, este manifiesto.

He aquí la base de una nueva torre, sin cabeza, sin cima. Tantos emisores como receptores: por fin la mayoría ha conquistado también la emisión. Esto define un nuevo espacio comunicativo, en forma de red o de entramado geométrico, realizando así la utopía anterior a la democracia. Precisión: la utopía, entonces, no es un no-lugar, sino un lugar a la vez real y virtual. En otras palabras: ¡una bomba!

Grandeza de las especies

El Abuelo Cascarrabias monta en cólera y, como buen gaullista, declama, para la galería: antes, Francia contaba entre las grandes naciones del mundo, mientras que hoy... Es cierto, dice Pulgarcita lo más bajito posible, pero ¿qué entiendes por grandeza? En los días de su mayor gloria, Luis XIV, Robespierre o Napoleón mataron a mis ancestros por decenas o incluso centenares de miles, en la plaza pública, en Rusia, Egipto o Italia. A veces, cincuenta mil en una sola batalla, sí, en una sola jornada de quince horas, como en Eylau o en el Moscova. ¿Cuántos cadáveres por minuto? ¿Con qué fin, sino el de inscribir su nombre en la historia? Para ser el primero, pero, al final, ¿morir guillotinado o desterrado en Santa Elena? Un alto precio para el pueblo y su propio destino. ¿Quién escribió nunca la historia desde el punto de vista de las víctimas, de esas almas muertas, nosotros?

Paralelismo biológico: tomemos el ejemplo del hombre en general y como ser vivo. A fuerza de luchar contra todas las especies, de explotarlas, cazarlas, parasitarlas y destruirlas, supongamos que llega al punto fatal en que estas desaparecen. El más fuerte, el más grande, el más poderoso, el vencedor de la lucha por la vida ha ganado. Helo aquí pues, solo sobre la Tierra, sin vacas, sin árboles, sin trigo. ¿Qué comerá? ¿A sus semejantes? ¿Se desayunará a su mujer, a su hijo, al Abuelo Cascarrabias o a Pulgarcita?

Imagino una novela inspirada por el darwinismo social, en la que la lucha por la vida hace estragos y, al final de una era, una especie viva se impone. Hela aquí, a su vez, sola sobre la faz de la Tierra. Lo mismo que el hombre, corre el riesgo de morir de éxito. Así que, antes de desaparecer, para protegerse, decide hacer perfil bajo y se resigna a una existencia más modesta. Aprende sobre todo a no intentar imponerse nunca más. Ha aprendido en carne propia el precio que eso conlleva. Olvidada su resignación, acto segundo, llega una nueva época, otra batalla hace estragos, al término de la cual otra especie se impone y todo vuelve a empezar. A su vez, una vez más, también está a punto de morir y enseguida entra en razón. Lección integral: todas las especies vivas, bacterias, hongos, fauna, ballenas, flora, secuoyas, sí, todas tuvieron su oportunidad en esta viva y siniestra galería y, una tras otra, tras haber conseguido imponerse, se resignaron y entraron en el bosque común, en compañía de las demás, para la pequeña guerra de todos los días y de todos contra todos, en la que el que pierde gana, en la que el que gana pierde, y en la que, al final, todas acaban por reproducirse y comer.

Pequeñez

Lo que es válido para las especies vivas también lo es para las naciones y los gobiernos. ¿A qué se debió, se pregunta Montesquieu, la decadencia de los romanos? El autor no parece ver la respuesta que dicta la evidencia histórica: a su propia grandeza. Esta es la causa de la caída: en la cima, el equilibrio es inestable y basta con muy poco para perderlo. Roma ocupaba Europa, una parte de África, un poco de Asia y, de pronto vacío, ese volumen se desmoronó. Los bárbaros limítrofes pudieron penetrar en aquel colchón mullido. ¿Por qué, pregunta otro, tales civilizaciones fueron mortales? Porque quisieron imponerse a todas las demás, ser la más grande, la más fuerte, la primera y, para ello, destruir a las otras. En mi último libro, me gustó mucho evaluarlas en función de sus víctimas, por el número de cadáveres que dejaron a su paso. En el preciso instante de recoger el título mundial, las más poderosas sucumbieron, como hace un momento la especie vencedora. Acuérdate de Stalin, Abuelo: «¿Cuántas divisiones tiene el Vaticano?». Y fue Juan Pablo II, un pequeño polaco en sotana, sin cañones, quien hizo flaquear al Ejército Rojo. «*Über alles*», gritaba Hitler, gloria a la raza aria. Y se suicidó en su búnker. Estos seudogigantes agonizan en su armadura indestructible, del tamaño formidable de su pene imaginario. Exactamente como los dinosaurios, que no tuvieron tiempo, justo antes de su victoria final, de volverse pequeñitos, de entrar en razón. Qué va, estoy equivocado: se convirtieron en pájaros. De hecho, siguen aquí, volando a nuestro alrededor. Decidieron sobrevivir, aunque fuese bajo otra forma. Mejor aún: si sobrevivieron, fue porque escogieron la debilidad.

Tenemos la enorme suerte, dice Pulgarcita al Abuelo Cascarrabias, de no aspirar ya a los papeles principales. Hagamos perfil bajo, mira mis alas, convirtámonos en pájaros, es la mejor garantía de inmortalidad. Como supervivientes, no invertiremos más energía en batallas, conflictos y demás luchas paranoicas para llegar a la cima. Entonces crearemos, más modestamente, catedrales, teoremas, novelas y cantatas, obras para compartir, luz suave, amor para dar y tomar. Malditos sean el poder y la gloria, mortales. Maldita sea esa historia. Muerte a la competencia, muerte a la muerte.

¿Y por qué me convertí en protagonista de este tiempo, dice con humor? Pues, precisamente, porque soy pequeña. Comienzo minúsculo de una nueva historia.

Pulgarcita arde en deseos de repetir las palabras de Max Planck, el genio cuántico de los tiempos modernos: «La ciencia no progresa porque los experimentos y teorías de la física se verifiquen, sino porque a la generación precedente le llega la hora de la jubilación». ¡Un salto adelante!

Con gran dispendio de palabras, cuando no de actos, los Abuelos Cascarrabias crean una atmósfera de melancolía sobre los tiempos actuales. Afectan al estado de ánimo de las Pulgarcitas y bloquean las innovaciones tomando el poder un poco en todas partes. Antaño, los padres mataban realmente a sus hijos. Hoy, los matan en modo virtual.

La ola que lo trajo retrocede espantada

Los progresos, cuyo elogio acabo de hacer, generaron un fuerte aumento de la esperanza de vida que, a su vez, genera vejestorios poseedores de fortunas aún por heredar. Muchos de ellos acceden al poder para instalar en él su rechazo al progreso. Como resultado de la causalidad circular, el progreso se frena a sí mismo.

Hay ejemplos por todas partes. Daesh lucha a muerte contra un futuro cuya irresistible aurora anunció la primavera árabe. Los conservadores, el Brexit, Trump, Putin, Erdogan... todos ellos retroceden para intentar posponer un futuro no obstante irresistible... mil manifestaciones ocupan las calles para conservar antiguas conquistas, estas sí, resistibles.

Izquierda y derecha creen luchar contra Daesh, pero adoptan las mismas posiciones: Trump y Daesh son el mismo combate. Un miedo insuperable hacia el futuro se apodera de una clase política dominada por los viejos. Rico y en el poder, el Abuelo Cascarrabias se vuelve peligroso.

La pescadilla que se muerde la cola. Los «ahora es mejor» producen «era mejor antes» que ponen en peligro los «ahora es mejor».

Despedida

Queridas Pulgarcitas, queridos Pulgarcitos, no se lo digáis a esos viejos de los que yo mismo formo parte, pero las cosas son mucho mejores hoy: la paz, la longevidad, la paz, los analgésicos, la paz, la seguridad social, la paz, la alimentación vigilada, la paz, la higiene y los cuidados paliativos, la paz, ni servicio militar ni pena de muerte, la paz, el contrato natural, la paz, los viajes, la paz, la jornada de treinta y cinco horas, la paz, las comunicaciones compartidas, la paz, la agonía de las instituciones-dinosaurio...

...frente a ti, Pulgarcita, tan pequeña, tan ligera, tan dulce que a veces te veo como un pájaro o soplo espiritual. ¡Ah!, si el Abuelo Cascarrabias pudiera dejarte en paz...

Otros títulos publicados en español de Michel Serres

– *Atlas*, Cátedra, Madrid, 1995.

– *La comunicación. Hermes1*, Anthropos, Barcelona, 1996.

– *Los orígenes de la geometría. Tercer libro de las fundaciones*, Siglo XXI, Madrid, 1996.

– *Historia de las ciencias*, Cátedra, Madrid, 1998.

– *¿En el amor somos como las bestias?*, Akal, Madrid, 2002.

– *El contrato natural*, Pre-Textos, Valencia, 2004.

– *La guerra mundial*, Casus-Belli, Madrid, 2013.

– *Pulgarcita*, Gedisa, Barcelona, 2014.

– *Figuras del pensamiento*, Gedisa, Barcelona, 2015.

Este libro se terminó de imprimir el día 31 de agosto de 2022, Día Internacional de la Solidaridad. Desde la Editorial Edaf esperamos que ayude a construir un mundo en donde Abuelos Cascarrabias y Pulgarcitas, todos, nos entendamos mejor.